AF586001

LE CATÉCHISME DU POLITIQUE.

LE CATÉCHISME DU POLITIQUE,

A l'usage des cafés où l'on parle beaucoup des affaires d'état, sans se comprendre & savoir ce qu'on dit.

Par M. Rouss... des académies de B... or... &c... citoyen, D. P. E. V. député extraordinaire à l'assemblée-nationale.

Fundamentum libertatis fons æquitatis, men[illegible] *& consilium.*

C I C. *pro Cluent.*

D. ÊTES-VOUS citoyen?

R. Oui, puisque j'ai l'honneur d'être françois.

D. Quest ce que la politique?

R. C'est l'art de gouverner les hommes, on

de les faire concourir à la conſervation & au bien-être de la ſociété.

D. Qu'eſt ce qu'un citoyen ?

R. C'eſt celui qui eſt membre d'une ſociété libre, qui partage les droits de cette ſociété & qui jouit de ſes franchiſes.

D. Eſt-il avantageux pour les hommes de vivre en ſociété ?

R. Oui, parce que la ſociété n'a pour objet que de les faire jouir plus ſûrement des avantages que la nature, ou leurs facultés, ſoit corporelles, ſoit morales, leur procurent.

D. Il y a donc des rapports immédiats entre la ſociété & ſes membres ?

R. Sans doute ; elle leur doit le bien-être & la jouiſſance des avantages qu'ils ont droit de prétendre, en tant qu'ils ſont compatibles avec l'aſſociation, & elle leur doit la ſûreté, ſans laquelle ces biens deviendroient inutiles.

D. Quels ſont les devoirs du citoyen, à l'égard de la ſociété ?

R. Ils conſiſtent dans ſa dépendance en la volonté de tous.

D. Y a-t-il eu un pacte ſocial qui ait établi ces règles ?

R. S'il n'exiſte pas contractuellement il n'en ſubſiſte pas moins moralement,

D. Donnez-moi une ſormule de l'engagement d'un homme envers la ſociété ?

R. Chaque individu ſemble lui dire, en s'y engageant : aidez-moi de vos forces, & je vous aiderai des miennes : prêtez-moi vos ſecours & vous pourrez compter ſur les miens : travaillez à mon bonheur, ſi vous voulez que je m'occupe du vôtre : prenez part à mes infortunes & je partagerai les vôtres; promettez-moi des avantages aſſez grands pour m'engager à vous ſacrifier une partie de ceux que je poſſède.

D. Que lui répond la ſociété ?

R. Mets en commun tes facultés; alors nous te prêterons nos ſecours; nous multiplierons tes forces; nous travaillerons de concert à ta félicité; nous ſoulagerons tes peines; nous aſſurerons ton repos, & nos efforts réunis, repouſſeront de toi les maux que tu redoutes, avec bien plus d'énergie que tu ne ferois ſans nous. Les forces de tous te protégeront; la prudence de tous t'éclairera; les volontés de tous te guideront; l'amour, l'eſtime & les récompenſes de tous payeront tes actions utiles. En un mot, les biens que tous te procureront, te dédommageront amplement des ſacrifices que tu ſeras obligé de faire.

D. Quels ſont les avantages dont profite le

citoyen qui obſerve ſes engagemens avec la ſociété ?

R. Le bonheur, l'abondance, la tranquilité de la ſociété & de chacun de ſes membres, ſont le prix néceſſaire de la ſoumiſſion à ſes engagemens.

D. Qu'elle eſt la peine qui ſuit les infractions, au pacte ſocial ?

R. L'infortune, la diſcorde, le vice, le crime la deſtruction, ſont les châtimens terribles attachés au refus de s'y conformer.

D. Tous les hommes vivans en ſociété ſont-ils égaux ?

R. Moralement, ils le ſont à l'égard de la ſociété.

D. Le ſont ils réellement entr'eux ?

R. Il s'en faut bien : la nature à mis entre les hommes, la même diverſité que nous voyons règner dans ſes autres ouvrages. Ils diffèrent entr'eux d'une façon très-marquée : les forces du corps, l'agilité, l'organiſation ont dû mettre une grande différence, une diſproportion très marquée entre les individus de la même eſpèce. Cette inégalité n'eſt pas moins frappante pour les facultés intellectuelles, c'eſt-à-dire, pour l'énergie des paſſions, pour le jugement, pour la ſagacité, pour l'eſprit,

D. Que résulte-t-il de cette inégalité entre les hommes ?

R. Que l'homme foible, soit de corps, soit d'esprit, est forcé de reconnoître la supériorité du plus fort, du plus industrieux, du plus spirituel : tout est échange dans la société ; & l'inégalité que la nature à mise entre les individus, loin d'être la source de leurs maux, est la vraie base de leur félicité. Par elle tous les hommes sont invités & forcés à recourir les uns aux autres, à se prêter des secours mutuels. Chaque membre de la société se voit obligé de payer par les facultés qu'il a reçues, celles dont les autres lui font part. Cette inégalité est enfin l'origine & la source de tout pouvoir & de tout gouvernement.

D. Comment cela peut-il être ?

D. En ce que l'homme où les hommes les plus robustes, les plus hardis, les plus expérimentés, prirent un ascendant nécessaire sur ceux qui étoient plus foibles, plus timides, plus ignorans.

D. Qu'entendez vous par gouvernement ?

R. C'est la forme qu'une nation est convenue de donner à l'autorité qu'elle mit au-dessus de sa tête.

D. Qu'est-ce que gouverner ?

R. C'est obliger les membres d'une société à remplir fidèlement les conditions du pacte social.

D. Quel est le but que doit avoir le gouvernement ?

R. La sûreté, le bonheur, la conservation du tout & de ses parties.

D. D'où vient que l'on voit si peu de sociétés où se trouve ce concours favorable ?

R. C'est que tous les gouvernemens ne sont pas susceptibles de le procurer.

D. Il y a donc diverses sortes de gouvernemens ?

R. On en connoît de trois sortes, le républicain, le monarchique, & le despotique.

D. Définissez-moi ces trois gouvernemens ?

R. Le gouvernement républicain est celui où le peuple en corps, ou seulement une partie du peuple à la souveraine puissance : le monarchique celui où un seul gouverne, mais par des loix fixes & établies : au lieu que, dans le despotisme, un seul, sans loi & sans règle entraîne tout par sa volonté & par ses caprices.

D. Ces trois espèces de gouvernemens sont-ils les plus connus ?

R. Il y a des modifications & des mixtions de ces gouvernemens, mais qui en sont toujours le résultat : par exemple, quand, dans une république, comme autrefois Athènes, le peuple en corps exerce la souveraine puissance, c'est une démocratie. Lorsqu'elle est entre les mains d'une partie du peuple, cela s'appelle aristocratie : & lorsque, comme à Lacédémone & en Angleterre, il y a un roi & un sénat ou parlement, c'est alors un état aristo-monarchique, ou gouvernement mixte. Enfin, lorsque plusieurs républiques sont réunies, comme autrefois la ligue des Achéens, & aujourd'hui les Suisses, les Provinces-unies, les Anglo-Américains, ce sont des républiques fédératives.

D. Tous les gouvernemens concourent-ils au même but, & ont-ils la même perfection ?

R. Tous ont des avantages & des désavantages réels. Tous, sans exception, ont des inconvéniens sans nombre, & portent en eux-même le principe de leur destruction.

D. Comment cela peut-il arriver ?

R. Si l'excès de pouvoir produit la tyrannie, l'abus de la liberté produit la licence, aussi funeste aux états que la tyrannie elle-même, puisque chaque individu devient le tyran d'un autre. Le peuple est-il méchant, corrompu, licentieux, l'autorité n'a plus de nerf. Est il asservi, il perd toute énergie. Les loix sont-elles méprisées, tout tombe dans le désordre.

D. Quel est le moyen de discerner un bon d'un mauvais gouvernement?

R. C'est par la juste balance du pouvoir & de la liberté : ainsi tout gouvernement sera bon, lorsqu'il rendra heureux le plus grand nombre de ceux qui lui seront soumis. Il atteindra le but, en laissant aux citoyens la juste liberté, qui met chacun en état de travailler à son bonheur, sans nuire à celui de ses concitoyens.

D. Pourquoi cette diversité de gouvernemens?

R. Parcequ'un même gouvernement ne peut pas convenir à tous les hommes. Distingués par des climats, par des mœurs, des opinions, des préjugés, des besoins divers, il est impossible qu'un même régime, une même façon de gouverner puisse convenir à tous.

D. Chaque gouvernement a donc des inconvéniens, puisque chacun ne peut convenir à chaque peuple?

R. Cela n'est que trop vrai.

D. Quels sont ceux de l'état monarchique?

R. Ils dérivèrent toujours de l'abus que le

monarque fit de ſon pouvoir. Il oublie ſes devoirs en opprimant ſes ſujets ; ceux-ci irrités des excès de leurs maîtres, oubliant les leurs, & repouſſent la force par la force ; & lorſque le ſuccès répond à leurs efforts, ils changent quelquefois la forme de leur gouvernement, & ſe flattent de trouver dans les changemens, une félicité qui juſques là leur étoit étrangère. Les transports de la paſſion leur permet rarement de réformer le gouvernement avec douceur. La fureur guide les démarches de la ſociété. Au lieu de ſe borner à des changemens faciles & ſuffiſans, on aime mieux tout renverſer ; à la monarchie, au deſpotiſme, à la tyrannie ſuccéde l'anarchie, le plus dangereux des états où peut ſe trouver une nation.

D. Quels ſont les inconvéniens de la république démocratique ?

R. Ils viennent de la folle prétention de l'égalité individuelle, qui eſt une chimère, contre laquelle la nature a mis des obſtacles inſurmontables ; ils viennent de ce que les paſſions prenant ſous ce gouvernement un plus libre eſſort, doivent produire des effets plus funeſtes ; de ce que la ſéduction, la perſuaſion, l'enthouſiaſme ſont dans la bouche de quelques ambitieux, des moyens aſſurés pour allumer la fureur d'une multitude imprudente & déraisonable, de ce que l'autorité y est sans force, parce qu'elle est trop divisée, qu'elle n'est point respectée, parce que chacun s'en croyant dépositaire, prétend avoir acquis le droit d'en abuser, & que chaque citoyen qui se croit indépendant, donne un libre cours à ses passions ; aussi un peuple pareil, flatté par les démagogues, devient bientôt leur esclave & l'instrument de leurs desseins pervers. Des citoyens turbulens se partagent en factions ; la discorde souffle ses feux dans tous les esprits, & des guerres civiles déchirent bientôt la république ; enfin le peuple fatigué de ses propres excès se livre à l'esclavage du premier qui veut l'asservir, & se croit trop heureux d'échanger sa licence contre des fers.

D. L'aristocratie a-t-elle aussi ses inconvéniens?

R. Dans la plupart des républiques aristocratiques, le peuple est tranquille, mais il est esclave des sénateurs & desgrands. Dans ces gouvernemens, le pouvoir partagé entre quelques familles puissantes devenues maîtresses de l'état leur sert moins pour rendre heureux les peuples, que pour en partager les dépouilles. Au lieu d'un souverain, ils ont quelquefois cent tyrans, associés contr'eux, & leur oppression est d'autant plus dure qu'elle est plus réfléchie mieux concertée, & maintenue par un systême suivi.

D. Le despotisme à vraisemblablement des inconvéniens plus frappans encore?

R. Si l'on en croyoit les paradoxes qu'a vomi sans pudeur la plume vénale de Linguet, ce gouvernement est le plus doux pour le peuple, dont il place le bonheur dans l'esclavage; mais si l'on consulte la raison, on ne trouvera jamais la félicité, sous l'empire d'un souverain qui rend sa volonté seule l'arbitre de la vie, de la personne, de la liberté, des biens de ses sujets: ce n'est donc plus un gouvernement, c'est une vraie tirannie; parce qu'un souverain qui asservit une nation avec les forces qu'elle n'a confiées que pour sa propre sûreté, qui prodigue sans nécessité réelle le sang & les trésors des peuples, qui ne connoît de loix que ses caprices, ses opinions, ou ses préjugés, est un tiran, & non le chef d'une nation à qui il doit le bonheur & tous les avantages de la sociabilité. Ainsi, lorsque l'abrutissement des peuples qui vivent sous le despotisme, leur permettra d'examiner les titres de leur tiran, le bon sens leur criera qu'une nation n'a jamais pu vouloir qu'un seul de ses membres fût heureux aux dépens de tous les autres la voix de la nature réclamera contre l'injuste oppression qui les retient sous un joug, auquel la nature ne peut consentir ; elle leur dira que les nœuds qui les unissent à leurs chefs, ne peuvent être que conditionnels ; & dès qu'ils les rompent, ils sont brisés pour leurs sujets ; & qu'il s'ensuit qu'une nation opprimée peut reprendre ses droits & se servir de la force pour repousser la force qui l'accable. Ainsi l'on doit considérer le pouvoir arbitraire, comme un pouvoir contre nature, incapable d'assurer, ni l'autorité du souverain, ni la tranquilité des sujets. L'exercice d'un pouvoir pareil n'est plus un gouvernement ; c'est un abus, un désordre, un vrai brigandage.

D. N'y a-t-il pas de gouvernement dérivant du gouvernement monarchique, républicain & despotique ?

R. Le gouvernement féodal, le gouvernement théocratique & l'oligarchie sont des dégénérations de ceux que nous avons déja définis.

D. Qu'est-ce que le gouvernement féodal?

R. C'est un gouvernement qui tire son origine du brigandage, du désordre & de la guerre. Les rois conquérans, pour s'attacher les guerriers, compagnons de leurs déprédations, leur accordèrent, ſoit de gré, ſoit de force, une indépendance, & ſouvent un pouvoir funeſte. Les loix ſe turent pour ces repréſentans armés; ſous ce gouvernement, le monarque fut foible; le peuple fut écraſé ſous une multitude de tyrans qui, eux-mêmes, vivant dans l'anarchie, firent conſiſter leur liberté dans la faculté d'opprimer impunément leurs malheureux concitoyens. De tous les régimes ſociaux, celui-là est peut-être le plus oppreſſif pour les peuples, le plus barbare & le plus déſaſtreux. Il régne encore en Pologne, en Ruſſie, en Allemagne, & va finir en France.

D, Qu'eſt-ce que le gouvernement théocratique?

C'eſt celui où le ſacerdoce, ſe mettant à la place des Dieux, abuſa de la crédulité des peuples pour les égorger, ou les ſoumettre à ſon pouvoir. De tous les genres de deſpotiſme, c'eſt le plus tyrannique, parce qu'il eſt le plus ſyſtématique, & qu'il eſt fondé ſur l'opinion.

Le prêtre ſouverain, qui fait parler les dieux, ou qui ſe met à leur place, jouit d'un aſcendant ſi abſolu ſur ſes ſujets, que la ſociété dégradée, avilie, anéantie, ſoumiſe ſans réſerve aux volontés de ſes maîtres, les plus déraiſonnables, ſe croit deſtinée par le ciel à ne travailler que pour eux; elle eſt perſuadée que l'oiſiveté, le faſte, la licence, le droit d'opprimer & d'être injuste sont leur partage, & que le travail, l'abjection & l'esclavage, sont le sort réservé pour elle-même. Elle voit le très-haut dans ses tyrans les plus pervers; elle n'ose plus lever, sur eux, ses regards, & prosternée dans la poussière, elle attend leurs décrets en silence.

D. Qu'entendez-vous par l'oligarchie?

R. C'est une dégénération du pouvoir républicain. Quand le peuple, fatigué de la démocratie, ou gouvernement de la multitude, préfère à l'anarchie, l'autorité de quelques-uns, dominés par un chef, c'est alors une véritable oligarchie. La Hollande nous en présente un exemple. Le dépérissement de ce gouvernement est infaillible, par le despotisme qu'acquiert insensiblement le chef, à qui le pouvoir militaire est accordé. La Hollande nous fournit également un exemple de cette dégénération, par l'usurpation moderne que son stathouder vient de faire, du pouvoir arbitraire.

D. Il n'existe donc point de constitution politique bien ordonnée sur la terre?

R. Il n'est que trop vrai: le hasard, la division, la violence, ont jusques ici présidé à l'établissement des gouvernemens, ainsi qu'à leurs réformes; la réflexion, la prévoyance, l'équité l'amour l'amour de la patrie : n'en furent presque jamais les mobiles. Les constitutions, & réformes que les hommes ont faites pour améliorer leurs gouvernemens, n'ont jamais été dirigées par la raison, l'utilité réelle de l'état, & le bien public. Tous les changemens qui furent tentés, n'ont été, pour l'ordinaire, que les ouvrages infames du trouble, de la discorde, du vertige, de l'ambition, du fanatisme. D'après de pareils mobiles, il n'est pas surprenant que, bien loin de rendre leur sort meilleur, les nations n'ayent souvent fait, que le rendre plus déplorable. Les peuples toujours enivrés des folies qu'on leur inspire, ne sont, pour l'ordinaire, que les instrumens aveugles de quelques factieux, qui leur font espérer la fin d'abus souvent légers, dont ils se plaignent & qu'il exagèrent ; & qui ne tardent pas à leur faire éprouver des maux plus réels que ceux qui leur donnoient de l'humeur.

D. Une nation qui a vécu longtems sous le joug d'un gouvernement qui ne lui procure pas tout le bonheur, qu'elle a droit d'en attendre, est-elle assujettie irrévocablement à le garder ?

R Gardons nous de le croire : si dans le délire du préjugé, de l'ignorance, où de l'enthousiasme, une société fut assez aveugle pour renoncer à ses droits ; si subjuguée par la force, une violence momentanée lui arracha des titres inaliénables de sa nature, ne croyez point qu'elle aye perdu le droit de se plaindre, de reclamer contre une usurpation, à laquelle tout lui défend d'acquiescer. Les droits de la société sont par leur nature éternels & inaliénables; ceux de la violence ne peuvent jamais devenir des droits sacrés.

D. Quel est donc le moyen de les reclamer quand l'usurpation où la violence se les font attribués ?

R. Ce n'est pas par des convulsions dangereuses, ce n'est pas par des combats, des régicides, des crimes inutiles, que les playes des nations peuvent se refermer. Ces remèdes violens sont toujours plus cruels que les maux que l'on veut faire disparoître. C'est à l'aide de la vérité seule, que l'ont peut faire descendre Astrée parmi les habitans de la terre. La voix de la raison n'est ni séditieuse ni sanguinaire. Les réformes qu'elle propose, pour être lentes, n'en sont que mieux concertées. En s'éclairant, les hommes s'adoucissent; ils connoissent le prix de la paix : ils apprennent à tolérer les abus, que, sans dangers pour l'état, on ne peut anéantir tout d'un coup. Si l'équité permet aux nations de mettre fin à leurs peines, elle défend au citoyen isolé, de troubler la patrie, & lui ordonne de sacrifier son intérêt à celui de la société.

C'est en rectifiant l'opinion, en combattant le préjugé, en connoissant le prix de l'équité, que la raison peut se promettre de guérir les maux du genre humain, & d'établir solidement le règne de la liberté.

D. Quelles sont les qualités nécessaires, pour opérer une révolution tranquille, dans un gouvernement vicieux?

R. Il faut des lumières, de la prudence, de la fermeté, de la patience & des vertus, pour réformer une administration corrompue; il faut de la raison, pour connoître le prix de la vraie liberté; il faut du courage & de la prévoyance, pour l'établir sur des fondemens solides; la liberté qui s'acquiert par le désordre, l'ambition, & la licence ne peut être de longue durée.

D. Ceux employés par une nation, pour la réforme d'un gouvernement, où pour l'établissement d'un nouveau, que doivent-ils faire, & quel moyen doivent-ils choisir?

R. Les spéculateurs & les philosophes, ont long-tems disputé, pour découvrir quelle pouvoit être la forme du gouvernement la plus avantageuse pour un état, & la plus propre à procurer ou maintenir la félicité publique. Les uns crurent que toutes les formes étoient indifférentes, pourvû que des loix sensées, soutenues par toute la force de la société, continssent également les chefs, pour les empêcher d'abuser du pouvoir, ou les sujets, pour les empêcher d'abuser de la liberté.

Ils ont pensé qu'un bon gouvernement est celui où personne n'a le pouvoir d'être injuste ou d'enfreindre impunément les loix; que d'ailleurs toutes les formes sont avantageuses, dès qu'elles laissent tout le pouvoir aux loix.

D'autres ont cru que la monarchie est le gouvernement le plus naturel, en ce qu'il ressemble le plus au régime d'une famille dirigée par son chef; & ils ont remarqué que cette administration est la plus convenable à un grand état, comme plus conforme à ses besoins,

Ceux-ci ont penché pour le républicain, en ce que la liberté du citoyen y étoit plus favorisée, & que cette forme est infiniment moins coûteuse aux peuples, qui, le plus souvent, ont la douleur de se voir opprimés, appauvris & ruinés, sous le prétexte de soutenir la splendeur du trône, c'est-à-dire, la vanité des courtisans & le faste des roix.

Ceux-là ont osé excuser les excès du despotisme, sous le prétexte de la tranquillité létargique, qui engourdit les peuples dans ses fers.

Platon, de son côté, a cru nous tracer l'idée de la meilleur administration, en mélangeant habilement tous les principes de ces gouvernemens, par un partage de la puissance publique, en différentes parties propres à s'en imposer et se balancer réciproquement. Il donnoit pour exemple, le gouvernement de Lacédémone, auquel ressemble en quelque chose celui de l'Angleterre. Les deux rois, le sénat & le peuple, revêtus d'une autorité différente, y formoient une constitution mixte, dont toutes les branches se tenoient mutuellement en respect, par une espèce de censure qu'elles exerçoient les unes sur les autres; mais en adoptant le sublime gouvernement établi par Lycurgue, Platon ne s'en tenoit pas là.

D. Qu'ajouta-t-il de plus à cette sage combinaison?

R. Le disciple de Socrate connoissoit trop bien les hommes, pour penser que le gouvernement, dont toutes les parties seroient combinées avec le plus de sagesse, pût se soutenir sans le secours des mœurs publiques. En effet, à quoi serviroit de donner la constitution la plus sage à des hommes corrompus, dont on ne corrigeroit pas d'abord les vices? A quoi serviroient des loix méprisées par les mœurs publiques, & auxquelles l'ambition & l'avarice ne peuvent plus obéir, si la tempérance & la frugalité ne viennent étayer un gouvernement ébranlé par la licence des passions.

D. D'où vient qu'on ne connoit plus, parmi nous, ce que les anciens appelloient mœurs publiques?

R. C'est qu'il n'existe nulle part une éducation capable de rectifier l'opinion publique, communément dépravée. C'est qu'un gouvernement vain, inconstant, léger, donne l'exemple des folies & des vices, qui corrompent toutes les classes, qui semblent se faire un mérite d'imiter les princes & les grands, dans leurs plus grands égaremens.

D. Pourquoi cette différence entre les citoyens d'un même état, qui fait que les uns sont grands & les autres petits?

D. Cette différence provient du tyran commun de toutes les nations, de l'opinion. Aux yeux du sage, un citoyen n'est grand que lorsqu'il sert fidélement & courageusement son pays; il ne mérite d'être distingué des autres, que lorsqu'il travaille plus utilement au bonheur de ses associés; il n'est noble, enfin, que lorsqu'il a du mérite, des talens, des vertus; mais aux yeux du vulgaire, le meilleur titre, pour s'attirer des distinctions, est d'avoir ce qu'il appelle de la naissance; comme si c'étoit le sang & non l'éducation & le mérite, qui forme des citoyens capables de servir l'état : comme si ce n'étoit pas un abus, un délire, que de récompenser des citoyens qui n'ont rien fait pour l'état; mais qui sont nés de tels ayeux. Si les enfans ne peuvent, sans injustice, être punis des fautes de leurs pères, est-il plus juste de les récompenser de leurs vertus?

D. La société n'admet elle pas d'autres distinctions entre les citoyens?

R. Les rangs qu'ils occupent entre eux, se diversifient à l'infini; mais les principaux sont la magistrature, le clergé, le militaire & la finance; le reste est confondu sous le nom générique de peuple.

D: Donnez-moi quelques notions de ces divers états ou professions?

R. Le magistrat est celui qui, instruit de la loi, l'explique au peuple, & le dirige dans ses affaires, ou bien celui qui termine par ses jugemens, les contestations qui s'élèvent entre eux. La première de ces deux magistratures est volontaire, & la plus flatteuse; la seconde est dative ou vénale, & la plus honorable dans l'opinion, parce que le vulgaire considère toujours moins celui qui lui fait du bien, que celui qui peut lui faire du mal. On présume bien que le savoir & la modestie se trouvent dans la première classe, comme la présomption & la suffisance dans la seconde.

Le clergé occupoit autrefois le premier rang dans la société. Cet ordre avoit fait descendre du ciel, ses prérogatives & ses droits. Depuis que le peuple a osé mesurer leur étendue, les prêtres en sont un peu déchus; parce que destinés par état à la paix & à l'instruction de leurs frères, il a remarqué qu'ils leur ont presque toujours fait la guerre; que, voués à la pauvreté, ils nagent dans l'opulence; que, faits pour ne s'occuper que du ciel, ils se mêlent sans cesse des affaires de ce monde; qu'humbles par état, ils s'énorgueillissent de leur prééminence précaire, au point de former, au milieu même de l'état, un corps séparé de l'état, qui refuse d'en dépendre; & d'avoir enfin une législation & des maximes, perpétuellement en contradiction avec celles de la société : mais celle-ci, revenue de ses premiers préjugés, s'apperçoit déja qu'elle s'est trompée; & ouvrant les yeux, elle renonce aux opinions qui avoient séduit ses pères. En avouant qu'il faut un salaire aux prêtres, elle va le proportionner à ses services, & à l'idée que l'on se forme actuellement des avantages que procurent les prêtres à la société. Elle ne doute plus qu'elle n'ait le droit de retirer, d'entre leurs mains, des bienfaits, fruits de la séduction, & dont elle sent si fort les inconvéniens entre leurs mains. La raison ne permet plus de douter, que la société ou l'autorité, qui la représente, n'aye le droit de disposer des possessions du clergé, de la manière la plus utile pour les peuples, & la plus conforme à leurs besoins actuels. La nation, rentrée dans ses droits, a repris des biens que le délire seul lui avoit fait aliéner; parcequ'il étoit injurieux & décourageant pour tous les citoyens utiles, & pour les cultivateurs laborieux, de voir des essaims de cénobites & de moines paresseux, sans aucun travail avantageux pour la nation, se nourrir du miel préparé par leurs concitoyens, & fondés sur des droits usurpés par l'imposture, les soumettre à des impôts onéreux? Désormais le laboureur, devenu propriétaire, défrichera, pour lui, des terres dont, jusqu'à présent, il avoit payé le produit le plus clair à ces hommes avides, qui ne font rien ni pour l'état ni pour lui. Le clergé détaché désormais de ce monde, ne songera qu'au ciel, auque tendront tous ses vœux.

Les militaires avoient été jusqu'ici les fauteurs & les soutiens de la tyrannie; en un instant cet esprit de corps a changé ; ils sont devenus citoyens. Il seroit inutile de dire ce qu'ils ont été, puisqu'ils sont devenus les appuis de la liberté & les auteurs de la félicité publique.

Pour définir exactement ce que c'est qu'un financier, je crois qu'on ne pourroit mieux faire que de les comparer aux vampires. Or, voici ce que c'est : les vampires étoient, selon les vieilles femmes, des morts qui sortoient la nuit de leurs cimetières, pour venir sucer le sang des vivans, soit à la gorge ou au ventre, après quoi ils alloient se remettre dans leur fosse. Les vivans sucés maigrissoient, pâlissoient, tomboient en consomption, & les morts suceurs engraissoient, prenoient des couleurs vermeilles, & devenoient très-appétissans. Le règne des vampires est passé, comme celui des publicains. Les vampires, en cessant d'être, restituèrent à l'imagination tout l'embonpoint qu'elle leur avoit donné. Les financiers qui vont finir, en vont faire de même ; ils vont redevenir ce qu'ils étoient. Si la comparaison n'est pas exacte, qu'on fasse mieux ; mais à coup sûr elle est intelligible.

D. Peut-on établir en politique des maximes certaines ?

R. Si l'on sépare la politique de la morale, il est bien difficile d'en produire qui soient invariables ; si, au contraire, on les subordonne l'une à l'autre, cela se peut.

D. Donnez-en un exemple.

R. Il ne peut y avoir ni bonheur, ni solidité, ni puissance dans une nation sans mœurs ; nul gouvernement ne peut subsister sans justice & sans liberté.

www.ingramcontent.com/pod-product-compliance
Lightning Source LLC
LaVergne TN
LVHW052022160826
845678LV00003B/1163
9782329633923